El agua en la mano
Félix Recio

Colección Baños del Carmen

Félix Recio

El agua en la mano

EDICIONES VITRUVIO
Colección Baños del Carmen,
nº 1009

www.edicionesvitruvio.com

Primera edición, 2024

© Felix Recio

© Ediciones Vitruvio
C/ Menorca, nº 44
28009
Madrid
Teléfono: 91 573 21 86

ISBN: 978-84-128578-9-4
Nº: 1. 661
Depósito legal: M-11028-2024

El agua en la mano

*Un libro abierto es también la
noche... No sé que es un libro.
Nadie lo sabe*
Marguerite Duras

Dice verdad quién dice sombra
Paul Celan

Agua fugitiva

El agua en la mano
canta la sed
en el despertar del agua

agua ofrecida
al beber amoroso
de la sed inagotable

el agua en la mano
se desliza entre los dedos
quimérica quietud

queda la sed
el canto y la ceniza

La noche entre las cosas
entre el pájaro y su vuelo
entre el pan y la boca

noche del agua en su pozo
de la voz en su sombra

La mies y el cielo
alma amarilla
en puro azul

El agua sabe
la dicha
secreta y olvidada

Buscarás la senda
esquiva luz
manantial de lo no dicho
ternura del agua

Antes de la siega
y la guadaña
el amarillo, la sombra

Es del agua
donde la llama brota
quemando
en líquido incendio
de dunas perseguidas
dunas no alcanzadas
quizás, soñadas

En este oleaje de fuego
la vida, jamás
alcanzará su propia sombra

Después del frío
de la devastación
y del moho de los días
queda un temblor
un aleteo
semilla apenas
a la espera de su incendio.

No fueron ríos, sino voces
alas nocturnas sobre la piel
voces perdidas
como sombras postradas
y sin embargo, vivas
murmullos y carne de los días
parpadeo de la voz.
Todavía, aún.

Ante el mar
solo quedará la ceniza
la respuesta líquida
impronunciable
voz inaudible
llamarada
que aún nos agita

Pliegue del sueño
oscura fuente

sin asidero
quema la nieve

el pájaro inmóvil
vuela en su rama

herida que florece
hacia la luz

El mar, lejos
mar de tinta
mar de labios
estremecidos
mar que anochece
en esta noche
dos veces mar
dos veces lejos
dos veces noche.

ZURBARANES DE AÑO NUEVO

Otra vez, caer en lo blanco
hacia un fondo
donde la blancura duele
comienzo de una desaparición
epifanía de un límite.
No sin pavor, la nieve

VIAJE CELESTE A PIENZA

Escucha la palabra de la piedra
su secreto orden
la geometría del corazón
la quietud de la mirada
alzada
en el sueño sin fin.

AMANECER EN MEDINACELI

El gallo celebra
el amanecer del trigo
cosecha del corazón
savia de la piedra
en el mar del canto

Luz de Medinaceli
en su parpadeo
luz entrevista
como promesa del agua
que acompaña

Vida entera
a nuestro paso
respira con nosotros
felicidad de la piedra

Vivir es esperar
el pan recién hecho
el agua mañanera
la sabana fresca

Esperar el vuelo del pájaro
la pisada húmeda
caminando bajo el cielo
al encenderse las lámparas

Esperar el abrazo detenido
que se pierde
en las fauces de la noche

Esperar sin esperanza
con serenidad
la oquedad creada.

El sendero nos acompaña
acoge con sus sombras
arrulla con el fin

Aún, es posible
escuchar la luz
la brisa que ilumina
el temblor húmedo
del sendero perseguido

Abre la ventana
al canto del pájaro
al humilde nido
a su incansable vuelo

El canto nos lava
y nos asea
no hace dignos
de los árboles erguidos
a pesar del hacha
y su inclemencia cercana

La vida todavía
todavía la vida
luz que acompaña
y enmudece.

El día se adelgaza y huye
queda el pozo de los años
la ruina de los días
la sal en la mano

Luctuosa luz
llamada sin eco
aún, cabe
en la hendidura de la vida
mirar sin red
lo todavía, no

Por un instante
la plenitud entera
luego
la ceniza de los días

En la oscuridad
brota el camino
flor, no cuchillo

En la casa del árbol
los muertos lloran
con desconocida ternura

No hallé
la casa del árbol
donde mi padre muerto
me abraza y llora

En desconocida orilla

Sobre el surco de sombras vuelan mares
    marchitos
labios escondidos en el pan que duele
manos de ceniza que desnudan la pavorosa
    llama
pues el gemido de la luz tiene sus alas
    abatidas

En los días calcinados
las palabras son zanja interminable
escribir es cavar
en desconocida orilla

La palabra calcinada
crece en la sombra
y en ella germina

palabra agujereada
como tu mano tibia
sobre el rosal marchito

llamada líquida
a lo que no tiene nombre.
Cerco de sombra

Solo voz
oscuro decir del origen
voz respirada en la carne
pulsación de mis manos
cadencia de la noche

la palabra es pozo
rumor de voz

Voz de nadie
mancha de moho
sobre el lienzo

decir la noche
oscura piedra
que anula el sentido

canta la sombra
surco
de una palabra desconocida

agazapado
lo no dicho
palpita

En el borde
donde todo se ilumina y oscurece
arrabal de la palabra
de mi, sin mi
desconocido fluir
leve eco
que se eleva
y desaparece

Quise día
elegí noche

dije pájaro
elegí pozo

aquí, sin mí
allí, soy

Tus palabras serán ceniza
ruina y olvido
antes de ser dichas

Para ahuyentar la ausencia
de lo que no tuvimos
escribo, sin saber lo que escribo
sin saber, lo que te susurro al oído
escribo en el ala de la noche
en los días que se abrasan
en el despertar de pájaros

Escribo un poema de amor
con un mar desconocido

escribo acariciando
un vacío con la mano

escribo en los huecos de tu nombre
en el rio que fluye
en lo cauces de mi sed

Crepitan las palabras que te digo
en incendio de pájaros
pues el eco precede a la palabra
y el estremecimiento al abrazo
sombra quedó a mi lado
todo habitado
en sueño desplegado

Cuando tu cuerpo se abre
se habita el mundo
se respira con el árbol
y con la luz en la boca

Solo la caricia detiene
el óxido de los días
la tristeza y la ceniza

Todavía, aún, el fulgor
de este instante
antes de que los sueños se desvanezcan
en el abrazo.
Sombras amamos

Ámame a la luz de las velas
en el incienso nocturno
Ámame en la tiniebla

EL BRILLO DE ANTIGONA

Entre dos muertes
lo irremediable
el deseo
en su brillo mortal

La belleza de Antígona
se hizo llama
incandescente

EDIPO EN SU SOMBRA

Edipo, no tiene ojos para contemplar el mar de Corinto, la placidez azul soñada por los gatos al sol. Veloz, bajará la rampa de Acrocorinto, pues un oscuro mar recorre sus venas, un negro oleaje le empuja y precipita a una noche sin fin. Fatal designio de una ceguera resplandeciente, ya presentida.

Acudirá a Delfos para ahuyentar las sombras, para deshacer la oscuridad que ensombrece sus días. En Delfos los cipreses se duermen sobre el mar blanco. Habla el oráculo y Edipo siente que un funesto deseo le habita. El oráculo dice su palabra extranjera, su palabra extraviada. Edipo, no regresará a Corinto se dirigirá a Tebas para huir de sí mismo, para huir del deseo que le agita. ¿Por qué se realiza lo que no queremos? Corinto es Tebas, Tebas será Corinto, pues huir es la manera de volver al mismo sueño insensato, a la misma fiebre del cuerpo. Tebas, es solo un decorado, un velo para incautos, detrás aguarda la peste, el horror nacido de la locura del cuerpo. Edipo sabe que su destino es la noche, que la verdad arde y que solo será sombra entre las sombras.

De Tebas a Atenas, errancia del cuerpo y de la palabra. No hay morada para el cuerpo ni cobijo para la palabra. Descenderá al Hades para morir sin muerte en vida, sin dejar huellas, ni sepultura, sin dejar sobre la arena el despojo del cuerpo. Edipo, sin lugar, sombra enamorada de la luz.

VOLVERAS A FORMENTERA

donde abunda el peligro
también crece lo que salva
Hölderlin

Te embarcarás en la frágil nave
para dirigirte hacia la nada
pues el mundo es una fiebre
cuando lo familiar se apaga
la belleza es herida
agonia que se aplaza

Tanto azul y no saber
azul perdido
apenas vislumbrado
ebriedad de la herida
Cesar Vallejo, golpeado con un palo
arde la belleza
en la isla funeral

Tanto mar y no estar
tanto azul y no saber
tanta luz y no amar
tanta belleza y tanto dolor
la hermosura es premonición
de la demolición sin remedio

Volverás a Formentera
volverás a esa muerte que te inunda
a esa muerte buscada y evitada
solo la voz
la voz desde la orilla llama
y como un ahogado pisaras la arena
pues solo la voz salva

Volverás a Formentera
volverás a la misma metáfora
a la palabra imposible
a la palabra que arde sin ser pronunciada
palabra de ceniza
que muere sin ser palabra

Volverás a Formentera
a la grieta de la luz
al misterio que te habita
pues, en la belleza
como impío animal
abreva la muerte

ÍNDICE

Agua fugitiva, 11

En desconocida orilla, 33

Ediciones Vitruvio

Colección Baños del Carmen

Últimos libros publicados:

Rival del sol, poesía completa, de Miguel Hernández

Escalando el muro, de Javier Olalde

Almas entrelazadas, de José Eduardo Mohedano

Mientras respiro, de María José Pérez Grange

Raíz del corazón, de Modesto González Lucas

Mitosis, de Domingo Luis Hernández

Canto natural, de Juan Pedro Carrasco García

21 de marzo, de Cova Sánchez-Talón

Imago Amoris, de Eduardo Martínez y Hernández

Casquería romántica, de Oscar Magadán

Existir en voz baja, de Luis Oroz

Lugares y límites, de Sonia María Riera Gata

Iconos, de Pedro López Lara

Diarios de la peste en Nueva York, de Sergio Colina Martín

Onírico mundo, de Pepa Miranda

Ética y retórica, de
Santiago A. López
Navia

La ciudad y el ruido,
de Manel Lacarta

Sólo soy un latido, de
Teresa Moncayo

Las fachas del límite,
de Eduardo Crespo

Maitemindua, de Luis
Fernando Crespo
Navarro

Palabra dicha, de
Ignacio Mª Muñoz

Escala de grises, de
Pablo González
Martín

Lluvia Amor Muerte
Poetas, de Isabela
Basombrio Hoban64

Oh, lago, de Leonardo
David Segado

La imagen sonora, de
Luis Mateo Hidalgo

Vegeto en ti, de
Carmen Aguado

Desde la punta del
pozo, de Bolita Lomas

Peces y mariposas, de
Luz Lescure

Luz de intervalo, de
Esther Alonso
Romera

Infinitos mundos con
detalle, de Felipe Díaz
Pardo

Las flores del mal, de
Charles Baudelaire

En mi cuaderno de
viaje, de Carmen
Maga

Declaración jurada,
de Manuel E. Castillo

Siempre Domingo, de
Pascual García

Escribir Silencio, de
José A. Alfonso

Ciento cincuenta
voltios, de David
Alberti

Que nada se olvide, de
Álvaro Fierro Clavero